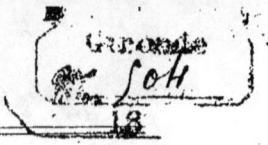

BANQUETS DU 22 SEPTEMBRE

14 JUILLET 1789
ÈRE DE LA RÉVOLUTION FRANÇAISE

22 SEPTEMBRE 1792
ÈRE DE LA RÉPUBLIQUE FRANÇAISE

Organisation définitive de la République

> Ce type magistral des francs Républicains......
> Pouvant se proclamer rois de la République.
> (A M. E. FOURCAND. — 4 octobre 1874)

Prononcé au Banquet de Bordeaux le 22 Septembre 1879

PAR

P.-H. LACOURRIÈRE

BORDEAUX
IMPRIMERIE J. DURAND
24, RUE VITAL-CARLES, 24

1879

BANQUETS DU 22 SEPTEMBRE

14 JUILLET 1789
ÈRE DE LA RÉVOLUTION FRANÇAISE

22 SEPTEMBRE 1792
ÈRE DE LA RÉPUBLIQUE FRANÇAISE

Organisation définitive de la République

> Ce type magistral des francs Républicains......
> Pouvant se proclamer rois de la République.
> (A M. E. FOURCAND. — 4 octobre 1874)

Prononcé au Banquet de Bordeaux le 22 Septembre 1879

PAR

P.-H. LACOURRIÈRE

BORDEAUX
IMPRIMERIE J. DURAND
24, RUE VITAL-CARLES, 24

1879

BANQUETS DU 22 SEPTEMBRE

14 JUILLET 1789
ÈRE DE LA RÉVOLUTION FRANÇAISE

22 SEPTEMBRE 1792
ÈRE DE LA RÉPUBLIQUE FRANÇAISE

Organisation définitive de la République

> Ce type magistral des francs Républicains.....
> Pouvant se proclamer rois de la République.
> (A M. E. FOURCAND. — 4 octobre 1874).

CITOYENS,

Le 14 juillet 1789 fut glorieux. Il inscrivit sur son drapeau à trois couleurs :

LA NATION, LA LOI, LE ROI!

Ce jour, souverainement vaporeux, car c'est dans un arc-en-ciel que brille son soleil, appartient à ceux qui veulent bien tolérer la démocratie, mais à condition d'en être *les directeurs*... j'entends de devenir *nos maîtres!*

C'est la Révolution *mineure*, ayant pour devise fallacieuse et à triple reflet, à l'instar de son drapeau : Liberté ! Égalité ! Fraternité !

C'est :

L'alliance du peuple avec la monarchie.

Le 22 septembre 1792 fut sublime. Il grava sur son oriflamme à couleur unique :

Le Peuple !

Ce jour, souverainement limpide, car c'est dans un ciel d'azur que resplendit son soleil, appartient à ceux qui veulent fonder la démocratie, avec la seule et noble ambition d'en être *les serviteurs....* j'entends de rester *nos frères !*

C'est la Révolution *majeure*, ayant pour symbole vrai et à simple auréole, à l'image de son oriflamme : Justice !

C'est :

Le divorce du peuple avec la royauté.

Et pourtant ces deux grandes dates sont sœurs, puisque, de leur embrassement fécond, est sortie l'ère moderne, dont les principes immortels ont pour commun dérivé : 89 !

Mais, Citoyens, évoquons notre histoire révolutionnaire, eu égard à cette chose d'une conséquence extrême, car c'est d'elle seule que part réellement le régime nouveau : — *la fin de la féodalité.* Les explications ci-dessous, empruntées à une feuille publique (*Gironde* du 14 août dernier), éclairent parfaitement ce point qui nous intéresse trop pour qu'on le néglige :

« L'unanimité et l'énergie des plaintes qui, en
» 1789, s'élèvent partout du sein des campagnes,
» prouvent, avec la dernière évidence, que le régime
» féodal subsistait encore, non point, à la vérité,
» tel que l'avaient connu les serfs du moyen-âge,
» mais sous la forme d'un système fiscal, dont les
» charges, vexations et exactions, se superposant
» aux autres charges qui pesaient sur la masse de
» la nation, taillable et corvéable à merci, rendaient
» intolérable la situation du censitaire, petit pro-
» priétaire ou colon. A quel point la situation
» faite au colon, au métayer, était alors dure et
» misérable, on en peut juger par ce fait que
» l'impôt, les redevances seigneuriales et la dîme,
» lui enlevaient en moyenne les deux tiers du
» produit brut. Quand il avait partagé avec le
» propriétaire, que lui restait-il? Les yeux pour
» pleurer. De là, l'état lamentable de la culture ; la
» moitié des terres reste en jachère ; l'autre moitié,
» médiocrement cultivée, ne donne que de maigres
» produits. Au moindre déficit dans la récolte,
» c'est la disette et la famine.

».... L'histoire de l'ancien régime, au point de
» vue de la condition des terres et des personnes,
» est encore à faire, et pour la faire.... il n'est pas
» de meilleurs documents que ces pages rustiques,

» dans lesquelles nos paysans d'aujourd'hui appren-
» draient de leurs pères de 89 eux-mêmes ce qu'ils
» doivent à cette Révolution dont ils ignorent les
» bienfaits, et que parfois encore ils maudissent,
» de concert avec ceux qui rêvent une restauration
» de l'ancien régime!

»…. Puisque nous sommes sur ce sujet, ne le
» quittons pas sans rectifier une erreur trop
» répandue. On croit généralement que les droits
» féodaux ont été abolis d'un seul coup dans la
» fameuse nuit du 4 août 1789, par l'abandon
» généreux qu'en firent les représentants des
» ordres privilégiés. Rien n'est moins exact. L'en-
» traînement auquel cédèrent, dans cette mémo-
» rable nuit, la noblesse et le haut clergé, ne fut
» pas aussi généreux, aussi désintéressé qu'on l'a
» dit. Ce qu'ils abandonnèrent de leurs prétendus
» droits fut, en réalité, peu de chose. Et la preuve,
» c'est que les plaintes, les réclamations conti-
» nuèrent plus vives et plus énergiques qu'elles
» n'avaient été au début. Poussé par l'opinion, le
» législateur dut revenir plusieurs fois sur cette
» question, qui était pour les campagnes la ques-
» tion capitale. La législation dut parcourir plu-
» sieurs étapes avant de la résoudre définitivement,
» conformément au sentiment populaire, qui ne
» comprenait pas que la Révolution hésitât à effacer
» les derniers vestiges de la féodalité, et à affran-
» chir la terre après avoir affranchi les personnes.
» Ce ne fut qu'en 1792 que le régime féodal fut

» complètement aboli. Un décret de la Convention
» supprima sans indemnité les droits féodaux
» comme injustes et attentoires à la dignité
» humaine et au principe de propriété. C'était la
» solution désirée : l'œuvre de rénovation sociale
» était consommée, et, à partir de ce moment, le
» sol, comme les personnes, était délivré de l'an-
» tique servitude. »

Qu'y a-t-il autre chose à faire qu'à s'incliner devant la Convention nationale, *cette grande criminelle aux discours brefs, aux actes prompts,* dont médisent à l'envi tant de pleutres dignes tout au plus de figurer au sein de *Chambres introuvables?*

La rénovation sociale de la France est donc bien due à 92, plus encore peut-être par l'abolition de la féodalité que par l'abolition de la royauté.

Ah! Citoyens, si nous avions véritablement conscience de notre histoire révolutionnaire, serions-nous où nous en sommes? La féodalité et la royauté, au sens bourgeois des mots, ne sont-elles pas toujours debout? Hélas! oui, nous ne sommes guère maintenant qu'au lendemain du 14 juillet. — Affolés par bien des formules gouvernementales, nous avons perdu tout le terrain conquis le 22 septembre. Qui eût dit à nos pères de 92, qu'après 87 ans de transformations successives, nous serions sur le point d'être étouffés par le cléricalisme? Ils savaient si bien que la dernière promiscuité *des hommes noirs* a pour ignoble engendrement l'Inquisition!... ce monstre qui est, en vertu d'un droit qu'il proclame lui-même divin, l'enfant légitime de *l'infâme!*

Quand donc viendra l'épanouissement de la République? Citoyens, il viendra. Nous toucherons à la terre promise, mais non en persistant à suivre les voies tracées de nos jours. En fanatiques du parlementarisme, ce fétiche devenu dieu Terme, durant la période d'interrègne révolutionnaire qu'accusent les accès de fièvre chaude de 1830 et 1848, période comprise entre le premier Bonaparte et le dernier inclusivement, tous, opportunistes et radicaux, nous piétinons sur place. Je me trompe, nous faisons concurrence aux tortues : être stationnaire, c'est reculer. Mais me tromperais-je encore? On me dit : Oh! nos chefs illustres calculent, avec précision, les étapes fugitives qu'il nous faut parcourir. Je réponds trivialement : *La République qui compte ses pas, n'est qu'une marmotte!* — Puisse la force des choses ne pas nous ravir nos avantages actuels, et par suite ne pas nous obliger plus tard à reconquérir ce que nous avons si péniblement obtenu!

Je le sais : Durant des siècles, nous avons été tant et si bien catéchisés et monarchisés, que nous nous passionnons encore pour certains hommes. Et que nous donnent en général les plus grands? Des paroles, et rien que des paroles. De là, crier : Vive Gambetta! Vive Grévy! (S'est-on fait faute d'acclamer Simon?) c'est une hérésie démocratique. Que ce péché originel nous a valu de déboires! Tâchons du moins de nous en corriger pour l'avenir.

Il est un publiciste qui, je crois, ne fut jamais exalté pour sa personne : Proudhon. Il ne m'est pas défendu dès-lors d'en parler.

Un mot de lui peut se traduire de la sorte : Que l'on m'accorde le pouvoir, tout pouvoir, quelques jours, et pour jamais les Césars, les Faux Dieux sont déracinés en France. Et savez-vous quel procédé infaillible il eût employé? Précisément, le contraire de celui en honneur maintenant. Au lieu d'attendre platoniquement, il eût marché résolûment. Au lieu d'affubler la République des oripeaux de la royauté, il l'eût parée de ses mâles atours.

Au despote infernal disant que nos devanciers de 48 voulaient renverser la pyramide de la société pour la placer sur son sommet, Proudhon aurait répondu : Misérable ! Eh quoi ! Est-ce que le peuple, tout le peuple, n'est pas la base, la véritable base de cette pyramide?

Et partant de là, il eût fait que celui qui ne recueille rien ne donnât rien, que celui qui recueille peu, donnât peu, que celui qui recueille beaucoup donnât beaucoup ! — Ah ! par parenthèse, la dîme, la dîme inique, parce que la bergerie était livrée à sa merci, avait peut-être moins de cruauté que notre fisc : la louve ne dévorait pas le troupeau dépourvu de toison. — Il eût fait, Proudhon, que cette monstruosité du pauvre qui paie cent fois plus que le riche, disparût ! Il eût fait spécialement, et pour atteindre avec succès les propagateurs prétendus sacrés d'une morale prétendue divine, que le budget des cultes fût supprimé; seul moyen efficace pour arriver sans délai à la séparation des Eglises et de l'Etat, et, par les ressources qu'on en retirerait, à l'application de l'enseignement ou l'instruction laïque, obligatoire et gratuite dans toutes les écoles nationales et communales! Il eût fait, dissipant d'un souffle les fantasmagories empoisonnées de quelques-uns, dont, sous toutes les formes, le prestige usurpé nous fascine depuis si longtemps, que, pour toujours, nous arrivât le règne salutaire de tous, dont le droit primordial est dans la vertu! Il eût fait, en résumé, succéder, comme par enchantement, à la peine la joie, à la misère l'abondance, aux ténèbres la lumière! — Et alors, tous les appeaux de la tyrannie cauteleuse n'avaient plus aucun empire sur ces masses perfidement entretenues dans une ignorance qui les faisait se dégrader elles-mêmes! Et alors, les esprits les plus rebelles, gagnés par la satisfaction enfin obtenue de leurs intérêts légitimes, secouaient les erreurs pernicieuses que leur léguait le passé, pour célébrer les vérités fécondes du présent et s'abandonner aux promesses radieuses de l'avenir!

Napoléon, *le grand Napoléon*, surgissant à une époque fatidique, possédait, avait dans ses mains, tous les matériaux nécessaires à l'accomplissement de cette œuvre immense. L'égoïste fameux n'a pas voulu de ce rôle humanitaire. Et pour couronnement de ses conquêtes douteuses, de sa gloire vaine, de son génie faux, il a eu Warterloo qui finit à Sainte-Hélène, et, en outre-tombe, Sedan qui finit.... chez les Zoulous!

Et cependant, nous ne sommes encore qu'au lendemain du 14 juillet : *la Nation, la Loi, le Roi!*

Le Roi, dites-vous! — Eh! quand de l'être social le corps et les membres sont foncièrement monarchiques, qu'importe que la tête ne soit qu'un *soliveau!* — Et encore, vous vous tromperiez grandement, si vous supposiez n'avoir là qu'un vain simulacre de roi. Ainsi, nos Députés, par une mesure spéciale, *amnistient* Blanqui, ce Latude de la République. Mais l'Élysée ne consent qu'à *gracier* le martyr, afin que l'indignité civile le tienne toujours sur la claie; et la Chambre démocratique que l'esprit gouvernemental illumine comme aux plus beaux jours de la monarchie, se déjuge, en s'inclinant devant la décision du pouvoir, c'est-à-dire devant la volonté du maître! — Vous le voyez, *on prend le soliveau pour une paille, et c'est une poutre!*

Citoyens; il est pénible de le constater : Ceux qui nous représentent n'ont trouvé, pour combattre *l'infâme doublé du monstre*, que les lois Ferry. Seront-elles seulement votées en définitive? Et le fussent-elles, notre ennemi mortel ne les tournerait-il pas sans peine?

Hélas! nous n'avons pas à prodiguer l'encens à nos législateurs, bien que, suivant l'apophthegme réactionnairement railleur de *l'illustre* Thiers, ils soient *les plus sages.* — Ne semble-t-il pas, en effet, voir des manœuvres incapables de rien établir, et s'épuisant à recrépir, à rebadigeonner la masure royale, tandis qu'il y aurait à la démolir de fond en comble et édifier à la place le chef-d'œuvre national? Ils sont toujours en travail, je l'avoue; mais la montagne de la fable nous doterait mieux : *s'il nous faut quelque chose comme un mastodonte vivant, on nous donne une souris morte!*

Reconnaissons toutefois que certains de nos mandataires ont eu quelque velléité sentimentale de la situation.

Je lis, en effet, dans la *Gironde* du 31 juillet dernier :

» On a distribué, lundi, à la Chambre, un projet
» de résolution de M. Anglade, ayant pour objet de
» nommer une commission de 22 membres,
» chargée d'étudier le meilleur système d'impôts à
» adopter, pour mettre nos lois de finances en
» harmonie avec les principes de 89, de façon à les
» faire moins peser sur les classes les plus nom-
» breuses et les plus pauvres. »

Figurez-vous le temps qu'il faudra à cette commission de 22 membres pour découvrir le meilleur système dont il s'agit! Je pense qu'avant l'accomplissement de la réforme, *nous serons saignés aux quatre veines.*

Je lis encore dans le même journal du 3 août suivant :

« M. Charles Boysset vient de déposer la propo-
» sition suivante :

» Art. 1ᵉʳ. — Le Concordat du 23 fructidor
» an IX et les articles organiques du 26 messidor
» an IX, promulgués le 18 germinal an X, sont
» abrogés.

» Art. 2. — Cette abrogation produira tous ses
» effets, à partir du 1ᵉʳ janvier 1881. — Dès ce
» jour, ni le culte catholique ni aucun autre culte,
» ne sera reconnu ni subventionné par l'État, et
» aucun privilége de délégation ou d'honneur ne
» pourra être conféré à quelque culte que ce soit. »

En 1881! Ne pensez-vous pas avec moi que le projet arrive fort à propos pour être, en compagnie des lois Ferry, renvoyé *aux calendes grecques?*

Il est évident d'ailleurs que les propositions ci-dessus seront d'emblée et *très royalement* écartées, à l'unanimité de ceux qui n'en ont pas pris l'initiative.

Et pourtant elles sont à peine quelques humbles pierres apportées au monument gigantesque qui est à construire !

Régulateurs des destinées d'une nation eurent-ils jamais coudées plus franches, pour fonder, sur des bases inébranlables et indestructibles, l'édifice républicain, que nos oracles en démocratie? — Ils n'ont rien de commun, hélas! avec ceux de Delphes. Et la réaction, cette pythonisse refrognée, n'a pas tous les torts de leur dire : « Vous faites moins que nous. Jadis, nous avons prié humblement les illustrissimes seigneurs de la Compagnie de Jésus de nous quitter, et ils sont partis *franchement*....

pour revenir. Vous tonnez contre le cléricalisme, et, l'égratignant à peine, vous le vivifiez : le discuter pour le tolérer, n'est-ce pas lui donner doublement droit de cité ? — Ah ! terribles révolutionnaires vous effaceriez-vous devant Loyola, ce révolutionnaire au rebours ? Tout en les chicanant pour des futilités, vous vous gardez bien d'expulser les Jésuites ! Ils sont peut-être vos compères ! »

Non, Citoyens, ces timorés ne sont pas leurs compères ; mais, comme eux, ils appesantissent nos paupières sous un sommeil de plomb, et c'est en cela qu'ils se font même leurs complices. Tous les endormeurs se valent. Or, les nôtres qui mangent plus ou moins aux râteliers, se cramponnent à la Constitution qui ne les empêche guère de s'engraisser, et nous adressent quelques-unes de ces palinodies : « Voyez-vous, mes bons amis, si vous touchiez à l'arche sainte qui pour nous est le veau d'or, tout serait perdu ! » Traduisez : Nous serions perdus ! — Quel malheur, ma foi ! L'ordre de l'univers en serait indubitablement et éternellement troublé !... ou plutôt changé, car leurs facultés créatrices bien connues nous gratifieraient vite d'un autre ordre, et supérieur et meilleur !

Oui, Messieurs, vive la Constitution.... pour l'heure ! Mais, parce que le pain ne nous a pas manqué aujourd'hui, devons-nous négliger de nous occuper de la fournée dont nous aurons besoin demain ? Mais, dès l'instant que l'arbre abonde en feuilles, nous abstiendrons-nous de le cultiver pour faire qu'il abonde en fruits? Et puis, de même que, dans un noir dessein, les prêtres de tous les cultes ne visent qu'à accaparer les jeunes intelligences, ne nous faut-il pas, dans un noble but, préparer la voie aux générations qui vont nous suivre? Pour la postérité, nous nous laverons de n'être pas à la hauteur de nos pères de 92, en élevant nos fils au delà de cette hauteur, s'il est possible. Et il est plus que temps d'aviser: nos successeurs naturels semblent déjà sourdre en quelque sorte du sol, impatients... *d'entrer dans la carrière!*

Citoyens, j'ai parlé de Blanqui. On prétend qu'il a déclaré n'avoir pas de programme. Je suis de son avis, s'il s'agit du sens étroit de ce mot. Le fameux programme de Belleville, entre autres, n'a-t-il pas été rejoindre *les neiges d'antan?* Mais si l'on confond le terme avec celui de système, c'est différent.

En vertu de la Constitution dont nous avons le bonheur de jouir, il est procédé notamment, et sans parler du Sénat ni de la Présidence de la République que je considère comme des superfétations, à l'établissement par le suffrage universel d'une Chambre des Députés, dont les pouvoirs ne sont limités que dans leur durée; si bien que les mandants règnent un jour, et les mandataires, des années! Ce système est purement monarchique. Il prend en vain l'étiquette républicaine, puisque, du moins temporairement, il crée ce qu'il a la mission de faire oublier: des rois! — Et ces rois au petit pied sont plus dangereux que ceux traditionnels, en ce sens qu'ils s'imaginent posséder, grâce à leur origine populaire, quelque chose comme la science ou la sagesse infuse, et qu'ils ne peuvent, aussi bien qu'un seul, se trouver face à face, dans les grandes occasions, avec l'éternel antagoniste des rois : le peuple ! — Et ce peuple, ce seul souverain en principe, lui dont la confiance est parfois plus qu'excessive, n'est-il pas ainsi amené à devenir l'instrument docile, le jouet débonnaire d'ambitions insatiables ? Et ce peuple, atteint pour l'heure dans ses droits imprescriptibles, n'est-il pas transformé en serf bafoué de seigneurs de rencontre ? Et ce peuple, ce suzerain devenu vassal, a-t-il autre chose à faire qu'à se ceindre les reins avec leurs queues démesurées, si ses pachas, en mécréants incendiaires, brûlent l'idole qu'ils ont feint d'adorer ?

Devinez les injustices que de semblables anomalies sont de nature à engendrer !

Permettez-moi en passant de citer un fait entre mille, et qui s'est produit parmi nous.

Un homme est assassiné moralement. Il signale le coupable forcé d'avouer, Il montre le poignard qui a servi à la perpétration du crime. Eh bien, des Magistrats, revêtus de leurs insignes putativement républicains, couvrent de fleurs le bourreau et d'ignominie la victime ! Et cette victime dont les tortures sans nombre ont été horribles, n'a d'autre consolation que celle d'imposer silence aux Magistrats, en jetant aux vents ces paroles :

Ceux qui ne voient pas l'infamie, —
JE LES PLAINS;
Ceux qui ne veulent pas la voir, —
JE LES MÉPRISE.

Combien, hélas! qui sont, *constitutionnellement*, dans le cas affreux de ce brave homme!

Quand donc régnera sans partage le réparateur de toutes les iniquités sociales : le Peuple?

Les nations sont comme les individus. Chacune a son tempérament, son originalité. — A la Suisse avec ses cantons, au Nouveau-Monde avec ses états, ont sans doute rêvé les cœurs après tout généreux qui voulaient créer chez nous l'association des communes. Ah! la république de Saint-Marin nous conviendrait peut-être mieux. — La Commune! Certes, je ne crains point de me placer sous le coup d'une condamnation *pour apologie de faits qualifiés crimes par la loi*; car, et je n'hésite pas à le déclarer, les communalistes sont loin, selon moi, de résoudre le problème que nous a posé le 22 septembre. — Le fédéralisme suppose des divisions à aplanir. Or, la France est unie. Que la concorde qui existe entre ses enfants la fasse un jour maîtresse absolue d'elle-même, et la solution tant cherchée est à jamais acquise!

Citoyens, en nous affranchissant des idées reçues, ces ennemies jurées de ce qu'elles appellent d'impies paradoxes, des utopies subversives, arrivons bien vite et sans phrases aux conséquences naturelles de l'acte mémorable accompli par les géants de 92. L'organisation capitale qui en découle a trait à la Chambre. — Le Sénat qui singe la noblesse en même temps que le clergé, et la Présidence de la République qui singe la royauté, n'ont pas, ainsi que déjà je l'ai fait pressentir, de raison d'être dans un pays de suffrage universel, réellement omnipotent.

Que nous faut-il maintenant? Des actes. N'avons-nous pas eu assez de détonations oratoires dans le vide? A quoi bon ces théories historiques, auxquelles la grosse foule ne comprend absolument rien? Le monde a beau exister depuis des millions et des millions d'années; pour elle, il ne part que de 1789. — De là, elle est inaccessible aux moyens qui ne s'en dégagent pas, et qui ne sont pas virtuellement pratiques. — Ainsi, notre poète des poètes, Victor Hugo, ne touche cette amante du réel, cette rebelle au fictif, que par le côté superficiel, sinon matériel, de ses sublimes images! — Mais, descendant un peu des nues, et parlant à un point de vue tout positif, il a dit, à la conférence en faveur de l'œuvre du Congrès ouvrier de Marseille : *Au vingtième siècle... la royauté sera morte.. A cette heure... la question politique est résolue; la République est faite.....* Non, Maître, non, la question politique n'est pas résolue, la République n'est pas faite, tant que la royauté n'est pas morte, et vous déclarez vous-même qu'elle ne le sera qu'au vingtième siècle. — O génie immense, quelle aberration ! Pour sonder les profondeurs du ciel, tu te dérobes à la terre !

Les plus grands de nos orateurs, les plus avancés de nos hommes politiques, tant ceux qui se posent en partisans exclusifs de la candidature radicale, fussent-ils d'irascibles proscrits du Deux-Décembre, que ceux qui se proclament révolutionnaires socialistes, fussent-ils d'effrénés communistes, ne sont encore que des réactionnaires, puisqu'ils s'en tiennent toujours au leurre royaliste de la représentation. Ah ! s'il est une chose entre toutes qui jamais puisse être représentée, certes, ce n'est point la souveraineté populaire.

Notre système national qui réalise ce principe d'une apparence audacieuse et anarchique: *plus de gouvernement*, système que nul parmi nous n'a seulement pressenti, et qui contient notre Constitution future, se résume dans un mot : PERMANENCE.

LA CHAMBRE UNIQUE DONT LES MEMBRES PORTANT LE NOM DE DÉLÉGUÉS DU PEUPLE SERONT ÉLUS A DÉLAI INDÉTERMINÉ, ET TOUJOURS, SOUS PEINE DE NULLITÉ DU VOTE, A LA MAJORITÉ ABSOLUE DES ÉLECTEURS INSCRITS CHAQUE ANNÉE, SUR LEUR DEMANDE INDIVIDUELLE, ET DONT, PAR SUITE, L'ABSTENTION EN GRAND N'EST PAS A CRAINDRE, CAR SI, ASSERVIS, BON NOMBRE SE SONT ABANDONNÉS A L'INDIFFÉRENCE, JAMAIS, TOUT PUISSANTS, ILS N'ONT ABDIQUÉ, CETTE

MAJORITÉ OBLIGATOIRE PRÉVENANT TOUT TROUBLE, TOUT DÉSORDRE, TOUTE SURPRISE, TOUT CAPRICE DE LA PART DES MINORITÉS ; LA CHAMBRE UNIQUE, dis-je, SERA PERMANENTE, PARCE QUE NE SAURAIT QU'ÊTRE PERMANENTE L'ADMINISTRATION DE LA CHOSE PUBLIQUE, QUE DIRIGERA EXÉCUTIVEMENT UN CONSEIL DE MINISTRES ÉMANANT DE L'ASSEMBLÉE ET CHOISISSANT LUI-MÊME SON PRÉSIDENT, LEQUEL N'AURA AINSI AUCUN VESTIGE D'ATTRIBUTION ROYALE.

D'OÙ, SERA PERMANENT LE VOTE AU SUFFRAGE UNIVERSEL, LES CIRCONSCRIPTIONS ACTUELLES POUVANT D'AILLEURS ÊTRE MAINTENUES, POUR NOMMER LES DÉLÉGUÉS, REMPLACER LES INCAPABLES, LES INDIGNES, ETC.

NATURELLEMENT, TOUS LES CORPS SERONT CONSTITUÉS ET TOUTES LES FONCTIONS SERONT DÉVOLUES D'APRÈS LES MÊMES PRINCIPES.

Et de ces *principes* découle la sanction autoritaire la plus forte, celle qui résulte de l'assentiment effectif et incontesté de la nation, garantie certaine d'ordre dans la rue et de confiance dans les affaires. Et ces *principes* sont essentiellement exclusifs de tous les arbitraires, entre autres, et spécialement, de celui du cumul, ce gobelet des gobelets aristocratiques dont joue à ravir maint prestidigitateur politique, ou pour se faire, comme le pape, trois fois roi, ou pour se créer, de concurrence avec la Divinité catholique, Dieu en trois personnes.... à dénommer de la sorte : *Le Père*, EDILE, *le Fils*, CONSEILLER GÉNÉRAL, *le Saint-Esprit*, SÉNATEUR INAMOVIBLE !

Eh bien, l'autorité réelle étant sauvegardée et le

moindre arbitraire étant évité, on ne pourrait pas dire, au détriment des institutions républicaines : Est-ce que les actes des élus répondent aux promesses des candidats? Est-ce que vos tuteurs ne compromettent pas impunément vos intérêts les plus chers? Est-ce qu'ils ne sont pas tout? Est-ce que les pupilles sont quelque chose?

Non, on ne pourrait pas le dire, et d'autant moins qu'aucune objection autrement sérieuse n'est soutenable :

Le mandat impératif ! — *Dérisoire,* puisque la volonté nationale s'impose à chaque instant !

L'apostasie individuelle ! — *Risible,* puisque la volonté nationale l'anéantit aussitôt !

La défection collective ! — *Ridicule,* puisque la volonté nationale remplace les mutins immédiatement !

Les insurrections ! — *Imaginaires,* puisque, pour sa sécurité qui d'ailleurs ne saurait être menacée, la volonté nationale brandit sans cesse son arme pacifique !

Les Coups d'Etat ! — *Impossibles,* puisque, l'apparence de la royauté, comme la Présidence, étant supprimée, la volonté nationale, par l'exercice constant de sa souveraineté, s'est apprise à éteindre sur l'heure toutes les étoiles autres que la sienne !

Retenez-le donc, Citoyens :

La Constitution du Peuple est en lui-même.

Telle est l'organisation d'une simplicité notoire,

et partant d'une application facile, en vertu de laquelle le seul roi possible en France, le roi moderne, c'est-à-dire le Peuple, régnera.

Et alors, mais seulement alors, la République de fait comme de droit, sera une vérité!

Et alors, l'algèbre publique se convertissant en A B C fraternel, nulle équation humaine n'a d'inconnues!

Et alors, sans secousse et de soi-même, s'établit l'harmonie de toutes les choses en litige, de celles réputées actuellement des plus divergentes ou des plus réfractaires, comme, par exemple, le travail et le capital!

Et alors, la question politique étant rationnellement résolue et la République étant réellement faite, il n'y aura plus de Révolutionnaires, il n'y aura que des Républicains!

Et alors, si l'on chante, on entonnera l'hymne national.....

Non aux cris de guerre et de vengeance de *l'ancienne Marseillaise* :

<small>Aux armes, Citoyens! Formez vos bataillons!
Marchons! (*bis*) Qu'un sang impur abreuve nos sillons!</small>

Mais aux transports de joie et de paix de la *nouvelle Marseillaise* :

<small>O France! tes faux dieux en poudre sont réduits,
En poudre (*bis*) avec la tombe ou tu les as conduits!</small>

Et maintenant, Citoyens, que ressort-il, en ce grand jour, des réflexions, des déductions qui précèdent? — Ceci :

Aux enrôlés de la Revolution *mineure*, l'anniversaire du 14 juillet! Que ce soit leur fête nationale!

Aux pionniers de la Révolution *majeure*, l'anniversaire du 22 septembre! Ce sera la fête nationale de la France!

Et aux *enrôlés* on peut dire :

ENFANTS, SOYEZ GOUVERNÉS !

Et aux *pionniers* on dira :

HOMMES, VOUS RÉGNEZ !

Quoi qu'il en soit, au souvenir de 89 qui nous fit quelque chose quand nous n'étions rien, je crie : Vive la République des enfants, si, grâce à 92 qui nous fit tout quand nous n'étions que peu de chose, elle doit aboutir enfin à la République des hommes!

Bordeaux, le 22 septembre 1879.

P.-H. LACOURRIÈRE.
Rue de Marseille, n° 42.

Imp. Durand, rue Vital-Carles, 24, Bordeaux.

www.ingramcontent.com/pod-product-compliance
Lightning Source LLC
Chambersburg PA
CBHW060610050426
42451CB00011B/2178